Técnicas para una delegación eficaz

¿Cómo delegar para el crecimiento y rendimiento de sus colaboradores?

Información legal

Título del libro: Cómo la delegación desarrolla las habilidades en los empleados

Derecho de Autor: Todos los derechos reservados. La reproducción de este libro en versión e-Book, o papel está prohibido terminantemente sin el consentimiento expreso por escrito del autor, incluyendo total o parcial en cualquier forma o manera

Autor: Dionisio Melo

Editorial: Publicación Independiente

ISBN: 9798334242937

Año: 2024

Técnicas para una delegación eficaz

Índice

Introducción - 5

Capítulo 1
Delegue toda la tarea a una persona - 7

Capítulo 2
Seleccione la persona adecuada para delegar. - 12

Capítulo 3
Especifique claramente sus resultados preferidos- 16

Capítulo 4
Responsabilidad delegado y autoridad - asignar la tarea, no el método para lograrlo - 21

Capítulo 5
Pida a la persona que resuma y describa la tarea y los resultados esperados por usted - 25

Capítulo 6
Obtenga información no intrusiva en curso sobre la marcha del proyecto - 29

Capítulo 7
Mantenga abiertas las líneas de comunicación - 34

Capítulo 8
¡Si usted no está satisfecho con el progreso, no haga la tarea por usted mismo! - 38

Capítulo 9
Valore y recompense el desempeño de la persona - 42

Epílogo - 46

Acerca del Autor - 50

Técnicas para una delegación eficaz

Introducción

En el curso "Liderazgo Efectivo" de 16 horas que imparto a muchas empresas que desean formar lideres entre sus gerentes, la delegación de tareas es una habilidad crítica para los gerentes de cualquier nivel.

Delegar implica trabajar con un colaborador para establecer metas, otorgándole autoridad y responsabilidad suficientes para alcanzar las metas, a menudo dándole **1)** la libertad sustancial en la decisión de cómo se lograrán los objetivos, **2)** un recurso para ayudarles a alcanzar los objetivos, **3)** la evaluación de la calidad de su esfuerzo y consecución de los objetivos, **4)** abordar los problemas de rendimiento y / o premiar su desempeño. En última instancia, el gerente tiene la responsabilidad por el logro de los objetivos, pero opta por alcanzar las metas al delegar la tarea a otra persona.

Delegar es diferente a dirigir el trabajo. Cuando el trabajo es dirigido el gerente está diciendo a alguien qué hacer y cómo hacerlo. Hay por lo general mucho menos libertad en cuanto a cómo el

Técnicas para una delegación eficaz

colaborador hace la tarea, y también muchas veces es mucho menos la participación y el aprendizaje por parte de los colaboradores.

Delegar a veces puede ser un gran desafío para los nuevos gerentes, ellos están preocupados por tener que ceder el control o luchan por tener confianza en las habilidades de los demás. Los gerentes que pueden delegar con eficacia pueden liberar una gran cantidad de su propio tiempo, ayudar a sus subordinados directos a cultivar la experiencia en el aprendizaje, y pueden desarrollar sus propias habilidades de liderazgo, habilidades que son fundamentales para la resolución de problemas, la consecución de objetivos y el aprendizaje.

¿Cómo delegar para el crecimiento y rendimiento de sus colaboradores? Sugiero los siguientes pasos generales para llevar a cabo la delegación

Capítulo 1
Delegue toda la tarea a una persona

Delegue toda la tarea a una persona. Al hacerlo, no solo le estás entregando una responsabilidad integral, sino que estás fomentando un entorno de trabajo que valora la autonomía y la confianza en las habilidades del equipo. Este tipo de delegación tiene múltiples beneficios tanto para el individuo como para la organización en su conjunto.

Primero, cuando asignas una tarea completa a una persona, envías un mensaje claro de confianza en sus capacidades y juicio. Este acto de confianza puede ser enormemente motivador. La persona siente que tiene el respaldo y la fe de sus superiores, lo que puede incrementar significativamente su compromiso y dedicación al trabajo. Esta confianza también permite que el individuo desarrolle una mayor autoconfianza y una fuerte sensación de responsabilidad. Saber que el éxito de una tarea depende enteramente de sus esfuerzos puede impulsar a la persona a esforzarse más y a ser más proactiva en la resolución de problemas.

Además, al darle a una persona la responsabilidad total de una tarea, le estás proporcionando una oportunidad para desarrollar y demostrar una variedad de habilidades. Desde la planificación y la organización hasta la ejecución y el seguimiento, la persona tiene la oportunidad de gestionar todas las facetas de la tarea. Esto no solo ayuda en su desarrollo profesional, sino que también permite identificar claramente sus fortalezas y áreas de mejora. La experiencia adquirida al manejar una tarea de principio a fin es invaluable y puede preparar a la persona para roles de mayor responsabilidad en el futuro.

Para el gerente, este enfoque también tiene ventajas significativas. Al trabajar con alguien que tiene un entendimiento completo de la tarea, el gerente puede enfocarse en brindar orientación estratégica y apoyo en lugar de involucrarse en los detalles del día a día. Esto permite una gestión del tiempo más eficiente y una mejor utilización de los recursos. Además, el gerente puede evaluar los resultados de manera más clara y objetiva, comparándolos con lo que él o ella hubiera esperado si hubiera realizado la tarea personalmente. Esta claridad facilita una retroalimentación constructiva y precisa, y puede ayudar a establecer estándares de desempeño más altos y más claros para el equipo.

Asimismo, delegar toda la tarea a una persona puede conducir a una mayor eficiencia y coherencia en el trabajo. Cuando una sola persona es responsable de todas las etapas de una tarea, hay menos riesgo de malentendidos y errores de comunicación que pueden ocurrir cuando múltiples personas están involucradas. La persona puede asegurarse de que todas las partes de la tarea estén alineadas y se integren perfectamente, lo que puede resultar en un producto final de mayor calidad.

Este enfoque también puede aliviar la carga del gerente, permitiéndole concentrarse en otras tareas estratégicas y en la supervisión

Técnicas para una delegación eficaz

general del equipo. Al delegar tareas completas, el gerente puede gestionar su tiempo de manera más efectiva y centrarse en el desarrollo y la implementación de estrategias a largo plazo, en lugar de en la gestión detallada del trabajo diario.

Finalmente, delegar toda una tarea a una sola persona también puede fomentar un sentido de pertenencia y cohesión dentro del equipo. Cuando los miembros del equipo sienten que se les confía responsabilidades importantes y se les da la oportunidad de contribuir significativamente, tienden a estar más comprometidos y satisfechos con su trabajo. Esto puede mejorar la moral del equipo y crear un entorno de trabajo más positivo y colaborativo.

Delegar toda la tarea a una persona no solo optimiza la gestión del tiempo y recursos, sino que también promueve el desarrollo profesional, la eficiencia y la cohesión del equipo. Al confiar plenamente en las habilidades de un individuo y brindarle la oportunidad de manejar una tarea completa, estás fomentando un entorno de trabajo que

Técnicas para una delegación eficaz

valora la autonomía, la confianza y el crecimiento.

Capítulo 2
Seleccione la persona adecuada para delegar.

Seleccione la persona adecuada para delegar. Este paso es crucial para el éxito de cualquier tarea delegada, ya que asignar la responsabilidad a la persona correcta puede marcar la diferencia entre el éxito y el fracaso del proyecto. Al evaluar las habilidades y capacidades de la persona, es importante considerar no solo su experiencia y conocimientos técnicos, sino también sus competencias blandas, como la capacidad de comunicación, la responsabilidad y la capacidad de trabajar de manera autónoma.

Es esencial realizar una evaluación exhaustiva de las habilidades técnicas del colaborador. Esto implica verificar si la persona posee los conocimientos necesarios y la experiencia previa relevante para llevar a cabo la tarea. Por ejemplo, si la tarea requiere habilidades específicas en software, es crucial asegurarse de que la persona tenga la competencia necesaria en ese ámbito. Además, la experiencia previa

Técnicas para una delegación eficaz

en tareas similares puede ser un indicador confiable de que la persona puede manejar la nueva responsabilidad de manera efectiva.

No obstante, las habilidades técnicas no son el único factor a considerar. Las competencias blandas, como la capacidad de resolver problemas, la adaptabilidad y la capacidad de trabajar bajo presión, son igualmente importantes. Una persona que tiene habilidades técnicas, pero carece de la capacidad de manejar el estrés o adaptarse a cambios inesperados puede tener dificultades para completar la tarea con éxito. Por lo tanto, es importante evaluar estas habilidades a través de entrevistas, revisiones de desempeño anteriores y feedback de otros miembros del equipo.

Si durante esta evaluación se determina que la persona no posee todas las habilidades necesarias, se debe considerar la posibilidad de proporcionar capacitación adicional. La capacitación puede ser en forma de cursos formales, talleres o incluso entrenamiento en el trabajo. Invertir en el desarrollo de las habilidades del colaborador no solo

Técnicas para una delegación eficaz

beneficiará la tarea actual, sino que también mejorará las capacidades generales del equipo a largo plazo.

En algunos casos, puede surgir la necesidad de reconsiderar la delegación de la tarea. Si la persona seleccionada inicialmente no tiene las competencias necesarias y no hay tiempo o recursos para la capacitación, podría ser más eficiente delegar la tarea a otro miembro del equipo que ya posea las habilidades requeridas. Esta decisión debe tomarse basándose en una evaluación justa y objetiva de las capacidades de cada miembro del equipo, asegurándose de que la persona seleccionada no solo pueda cumplir con los requisitos de la tarea, sino que también tenga el interés y la motivación para hacerlo.

También es importante considerar la carga de trabajo actual del colaborador. Delegar una tarea a una persona que ya está sobrecargada puede no ser la mejor opción, ya que puede afectar la calidad del trabajo y aumentar el estrés. Es esencial equilibrar las responsabilidades y asegurarse de que la persona tenga el tiempo y los recursos

Técnicas para una delegación eficaz

necesarios para enfocarse en la nueva tarea sin comprometer sus otras obligaciones.

La delegación efectiva también implica una comunicación clara y continua. Una vez seleccionada la persona adecuada, es fundamental establecer expectativas claras, proporcionar instrucciones detalladas y mantener una línea abierta de comunicación. Esto asegurará que la persona comprenda completamente la tarea y pueda solicitar orientación o apoyo si es necesario.

Seleccionar la persona adecuada para delegar implica una evaluación cuidadosa y exhaustiva de las habilidades técnicas y competencias blandas, la consideración de la necesidad de capacitación adicional y la evaluación de la carga de trabajo actual. Al tomar estas medidas, se puede garantizar que la tarea sea delegada a una persona capaz y motivada, aumentando así las probabilidades de éxito del proyecto y fomentando un ambiente de trabajo positivo y productivo.

Capitulo 3
Especifique claramente sus resultados preferidos

Especifique claramente sus resultados preferidos. Este paso es crucial para el éxito de cualquier tarea delegada, ya que proporciona una guía precisa y detallada sobre lo que se espera lograr. La claridad en los resultados esperados no solo facilita la comprensión del objetivo final, sino que también ayuda a mantener a todos en la misma página, minimizando malentendidos y aumentando la probabilidad de éxito.

Describa claramente los objetivos específicos que se espera alcanzar. Por ejemplo, si la tarea es aumentar las ventas, indique claramente el porcentaje de aumento esperado y el período de tiempo en el que se debe lograr este incremento. Detallar las expectativas de manera concreta y medible ayuda a la persona a comprender exactamente qué se espera y cómo será evaluado su desempeño. Esto puede incluir metas cuantitativas, como cifras de ventas o plazos de entrega, así como objetivos

Técnicas para una delegación eficaz

cualitativos, como mejorar la satisfacción del cliente o la calidad del servicio.

Explique por qué se desean esos resultados. Ayudar a la persona a entender la importancia y el impacto de los resultados esperados puede aumentar su motivación y compromiso con la tarea. Por ejemplo, si el aumento de las ventas es parte de una estrategia más amplia para expandir el mercado y asegurar la sostenibilidad a largo plazo de la empresa, compartir esta información puede proporcionar un contexto valioso. Entender el "por qué" detrás de los objetivos puede ayudar a la persona a ver cómo su trabajo contribuye al éxito general de la organización y aumentar su sentido de propósito y pertenencia.

Establezca claramente cuándo los resultados deben llevarse a cabo. Proporcionar un cronograma detallado y realista es esencial para asegurar que la tarea se complete a tiempo. Esto incluye fechas límite específicas para cada fase del proyecto, así como la fecha de entrega final. Un cronograma bien definido ayuda a la persona a planificar y priorizar su trabajo de

Técnicas para una delegación eficaz

manera efectiva, asegurando que todas las etapas del proyecto se completen según lo previsto. Además, establecer hitos intermedios puede proporcionar oportunidades para evaluar el progreso y hacer ajustes si es necesario.

Identifique quién más podría ayudar a la persona. Es posible que la tarea requiera la colaboración de otros miembros del equipo o de diferentes departamentos. Indique claramente quiénes son estas personas y cómo pueden contribuir al éxito de la tarea. Proporcionar esta información ayuda a facilitar la coordinación y la comunicación, asegurando que todos los involucrados comprendan sus roles y responsabilidades. Además, fomentar una cultura de colaboración puede mejorar la eficiencia y la efectividad del equipo en general.

Especifique los recursos disponibles para la persona. Asegúrese de que la persona sepa qué recursos tiene a su disposición para completar la tarea. Esto puede incluir acceso a herramientas y tecnología específicas, presupuestos asignados, materiales necesarios y cualquier otra forma

Técnicas para una delegación eficaz

de apoyo que pueda necesitar. Proporcionar una lista detallada de recursos y cómo acceder a ellos puede eliminar barreras y facilitar un progreso más fluido en la tarea. Además, es importante estar disponible para responder preguntas y proporcionar orientación adicional si es necesario.

Permita que la persona decida cómo llevar a cabo la tarea. Aunque es crucial especificar claramente los resultados esperados, también es beneficioso dar a la persona la autonomía para decidir cómo alcanzar esos resultados. Esta libertad puede fomentar la creatividad y la innovación, permitiendo que el colaborador utilice sus propias habilidades y conocimientos para encontrar la mejor manera de completar la tarea. Sin embargo, asegúrese de estar disponible para ofrecer orientación y apoyo si es necesario, y mantenga una comunicación abierta para resolver cualquier duda o problema que pueda surgir.

Finalmente, es a menudo mejor escribir esta información. Documentar todos los detalles relacionados con los resultados esperados, los plazos, los recursos disponibles y los

Técnicas para una delegación eficaz

colaboradores involucrados proporciona una referencia clara y accesible para la persona encargada de la tarea. Esto no solo ayuda a evitar malentendidos, sino que también proporciona un registro formal que puede ser consultado en cualquier momento. Además, la documentación escrita facilita la comunicación y la transparencia, asegurando que todos los involucrados comprendan completamente sus roles y responsabilidades.

Especificar claramente sus resultados preferidos implica proporcionar una descripción detallada de los objetivos, explicar la importancia de los resultados, establecer un cronograma claro, identificar colaboradores potenciales, detallar los recursos disponibles y permitir la autonomía en la ejecución de la tarea. Documentar esta información es clave para asegurar la claridad y el éxito en la delegación de tareas.

Capitulo 4
Responsabilidad delegado y autoridad - asignar la tarea, no el método para lograrlo.

Responsabilidad delegado y autoridad - asignar la tarea, no el método para lograrlo. Este principio es esencial para fomentar la autonomía y la creatividad dentro del equipo. Al permitir que la persona complete la tarea de la manera que él o ella elija, se le da la oportunidad de utilizar su propio juicio y habilidades para alcanzar los resultados deseados. Esta autonomía no solo mejora la motivación y el compromiso, sino que también puede conducir a soluciones innovadoras y eficaces que quizás no se hubieran considerado de otra manera.

Deje que la persona tenga una fuerte participación en la fecha de finalización del proyecto. Involucrar al colaborador en la planificación del cronograma no solo asegura que el plazo sea realista y alcanzable, sino que también fomenta un sentido de propiedad y responsabilidad sobre la tarea. Al colaborar en la definición de los plazos, la persona se sentirá más

Técnicas para una delegación eficaz

comprometida con el cumplimiento de las fechas establecidas y más motivada para gestionar su tiempo de manera eficiente. Además, esta práctica puede ayudar a identificar posibles obstáculos y ajustes necesarios en una etapa temprana, permitiendo una planificación más efectiva.

Es importante reconocer que, en algunos casos, es posible que ni siquiera sepa cómo llevar a cabo la tarea usted mismo, especialmente en niveles más altos de gestión. Esto no debe ser visto como una debilidad, sino como una oportunidad para confiar en la experiencia y habilidades de su equipo. Los miembros del equipo a menudo tienen conocimientos especializados y perspectivas únicas que pueden ser cruciales para el éxito de la tarea. Al delegar la responsabilidad y la autoridad, se aprovecha esta experiencia y se fomenta un entorno de trabajo colaborativo y respetuoso.

Asegúrese de comunicar a otros en la organización que esta persona tiene la responsabilidad y la autoridad para completar la tarea. La claridad en la comunicación es fundamental para evitar

Técnicas para una delegación eficaz

conflictos y malentendidos. Informar a los colegas y otros departamentos sobre quién está a cargo y qué autoridad tiene garantiza que todos estén al tanto y respeten las decisiones y acciones del colaborador. Esto también puede facilitar el acceso a los recursos necesarios y el apoyo de otros miembros del equipo, creando un entorno más cohesionado y colaborativo.

Al asignar la tarea y no el método para lograrla, se fomenta un ambiente de confianza y empoderamiento. Los colaboradores se sienten valorados y respetados cuando se les da la libertad de utilizar sus propias estrategias y enfoques. Esto no solo mejora la moral del equipo, sino que también puede resultar en una mayor eficiencia y efectividad en la realización de las tareas. Las personas son más propensas a estar comprometidas y a dar lo mejor de sí mismas cuando sienten que tienen control sobre cómo realizan su trabajo.

Este enfoque también puede ser beneficioso para el desarrollo profesional de los miembros del equipo. Al enfrentarse a la

Técnicas para una delegación eficaz

responsabilidad de tomar decisiones y encontrar soluciones por sí mismos, los colaboradores pueden desarrollar habilidades de liderazgo, resolución de problemas y pensamiento crítico. Estas experiencias pueden prepararlos para asumir roles de mayor responsabilidad en el futuro y contribuir al crecimiento y éxito a largo plazo de la organización.

Delegar la responsabilidad y la autoridad implica permitir que la persona complete la tarea de la manera que elija, involucrándola en la planificación de los plazos y comunicando claramente su rol y autoridad a otros en la organización. Este enfoque fomenta la autonomía, la creatividad y el compromiso, mientras que también puede resultar en soluciones innovadoras y un desarrollo profesional significativo para los miembros del equipo.

Capítulo 5
Pida a la persona que resuma y describa la tarea y los resultados esperados por usted.

Pida a la persona que resuma y describa la tarea y los resultados esperados por usted. Este paso es fundamental para asegurar que ambos, tanto el delegado como el delegador, tienen una comprensión clara y compartida de lo que se espera. Al solicitar un resumen, está proporcionando una oportunidad para clarificar cualquier malentendido y confirmar que la comunicación ha sido efectiva. Sin embargo, es crucial abordar este paso con sensibilidad para evitar que la persona se sienta cuestionada o desconfiada.

Explique al delegado que está solicitando el resumen para asegurarse de que usted describe con eficacia las tareas y los resultados a la persona, no necesariamente para asegurarse de que la persona escucha. Hacer esta aclaración desde el principio ayuda a establecer un tono de colaboración y respeto mutuo. Enfatice que el objetivo del resumen es doble: primero, confirmar

Técnicas para una delegación eficaz

que usted ha comunicado claramente los objetivos y, segundo, identificar cualquier área que pueda requerir más aclaraciones o detalles adicionales. Esta explicación puede aliviar cualquier sensación de desconfianza y fomentar una atmósfera de trabajo abierta y positiva.

La práctica de pedir un resumen no solo valida que la información ha sido entendida correctamente, sino que también refuerza la responsabilidad y el compromiso del delegado. Al verbalizar lo que se espera, la persona está reafirmando su comprensión y compromiso con la tarea. Esta acción también puede ayudar a identificar cualquier aspecto de la tarea que pueda haber sido malinterpretado o que necesite más detalle, permitiendo abordar estos puntos antes de que comiencen a trabajar en la tarea.

Además, al solicitar un resumen, está promoviendo una comunicación bidireccional. Esto permite al delegado expresar sus pensamientos, hacer preguntas y compartir cualquier preocupación que pueda tener sobre la tarea. Esta interacción

Técnicas para una delegación eficaz

puede proporcionar información valiosa y perspectivas que tal vez no se habían considerado inicialmente. También crea una oportunidad para ajustar expectativas y asegurar que todos los recursos necesarios están disponibles y cualquier barrera potencial ha sido identificada y abordada.

El proceso de resumir también tiene beneficios psicológicos. Cuando una persona repite y describe lo que se espera de ellos, se están reforzando mentalmente los objetivos y detalles de la tarea. Este acto de repetición puede ayudar a consolidar la información en su memoria, haciendo que sea más probable que recuerden y cumplan con los requisitos especificados.

Además, al adoptar este enfoque, está mostrando un liderazgo reflexivo y considerado. Está demostrando que valora la claridad y la precisión en la comunicación y que está dispuesto a invertir tiempo para asegurar que todos están alineados y comprendan sus roles y responsabilidades. Esto puede mejorar la moral del equipo y fomentar una cultura de transparencia y colaboración.

Técnicas para una delegación eficaz

Pedir a la persona que resuma y describa la tarea y los resultados esperados es una práctica esencial para asegurar una comunicación efectiva y una comprensión compartida. Explicar el propósito de esta solicitud de manera que no se perciba como una falta de confianza es clave para mantener una relación de trabajo positiva. Esta práctica no solo valida la claridad de la comunicación, sino que también refuerza el compromiso, promueve la responsabilidad y fomenta una cultura de transparencia y colaboración.

Capítulo 6
Obtenga información no intrusiva en curso sobre la marcha del proyecto.

Obtenga información no intrusiva en curso sobre la marcha del proyecto. Mantenerse informado sobre el progreso de un proyecto sin ser intrusivo es esencial para el éxito de la delegación. Este enfoque permite al gerente estar al tanto del desarrollo del proyecto y ofrecer apoyo cuando sea necesario, sin microgestionar al delegado. La clave es encontrar un equilibrio entre estar informado y respetar la autonomía del colaborador.

Una manera efectiva de obtener esta información es continuar recibiendo informes semanales escritos de estado de la persona. Estos informes deben ser breves pero completos, proporcionando una visión general clara del progreso. Un informe típico debe incluir tres secciones: lo que se hizo la semana pasada, lo que se tiene previsto hacer la próxima semana y cualquier problema potencial que pueda surgir. Este formato permite un seguimiento constante del progreso, identifica áreas que

Técnicas para una delegación eficaz

pueden necesitar atención y planifica las próximas etapas del proyecto.

Los informes semanales sirven como una herramienta de comunicación eficiente y estructurada. Permiten al delegado reflexionar sobre su trabajo, evaluar su progreso y planificar sus actividades futuras. Al mismo tiempo, proporcionan al gerente una visión general del estado del proyecto sin la necesidad de intervenciones constantes. Este método ayuda a mantener la motivación y el enfoque del delegado, ya que les da un sentido de responsabilidad y control sobre su trabajo.

Reuniones periódicas con la persona que proporcionen retroalimentación son fundamentales en la delegación. Estas reuniones no deben ser vistas como una evaluación o inspección, sino como una oportunidad para brindar apoyo, resolver problemas y ofrecer orientación. La retroalimentación constructiva puede ayudar a mantener al delegado en el camino correcto y motivado. Estas reuniones deben ser programadas con anticipación y ser parte de una rutina regular, lo que

Técnicas para una delegación eficaz

proporciona una estructura y expectativas claras tanto para el gerente como para el delegado.

Durante estas reuniones, es importante crear un ambiente abierto y de confianza. El delegado debe sentirse cómodo para discutir sus progresos, desafíos y cualquier preocupación que pueda tener. Escuchar activamente y hacer preguntas abiertas puede ayudar a fomentar una comunicación honesta y efectiva. Además, estas reuniones pueden ser una oportunidad para reconocer y celebrar los logros, lo que puede aumentar la moral y la motivación.

Además de los informes escritos y las reuniones periódicas, puede ser útil utilizar herramientas de gestión de proyectos. Estas herramientas permiten un seguimiento en tiempo real del progreso, facilitan la colaboración y proporcionan una plataforma centralizada para la comunicación y el intercambio de información. Ejemplos de estas herramientas incluyen software como Trello, Asana o Microsoft Teams. Estas plataformas pueden ofrecer un acceso fácil

Técnicas para una delegación eficaz

y constante a la información del proyecto sin ser intrusivas.

También es importante ser flexible y adaptativo en su enfoque. Cada proyecto y cada persona son diferentes, por lo que es crucial ajustar su método de seguimiento según las necesidades específicas del proyecto y las preferencias del delegado. Algunos colaboradores pueden preferir reuniones más frecuentes, mientras que otros pueden sentirse más cómodos con un enfoque más autónomo. Adaptar su enfoque para satisfacer estas necesidades puede mejorar la efectividad y la satisfacción en el trabajo.

Obtener información no intrusiva en curso sobre la marcha del proyecto es crucial para el éxito de la delegación. Esto se puede lograr a través de informes semanales escritos, reuniones periódicas para proporcionar retroalimentación y el uso de herramientas de gestión de proyectos. Mantener un equilibrio entre estar informado y respetar la autonomía del delegado, crear un ambiente de confianza y ser flexible en su enfoque son factores clave

Técnicas para una delegación eficaz

para asegurar que el proyecto se complete con éxito y de manera eficiente.

Capítulo 7
Mantenga abiertas las líneas de comunicación.

Mantenga abiertas las líneas de comunicación. Este principio es fundamental para el éxito de cualquier tarea delegada. La clave es encontrar un equilibrio entre estar disponible para ofrecer apoyo y evitar la microgestión. Mantener abiertas las líneas de comunicación asegura que la persona se sienta respaldada y tenga acceso a la orientación necesaria sin sentirse sofocada o controlada.

No se cierna sobre la persona para controlar su rendimiento. Es importante evitar la tentación de estar constantemente supervisando cada detalle del trabajo del delegado. Este enfoque puede generar una sensación de desconfianza y disminuir la moral, ya que el colaborador puede sentir que su autonomía y capacidad son cuestionadas. En lugar de esto, confíe en la competencia de la persona y permita que tome las decisiones necesarias para completar la tarea de manera efectiva.

Técnicas para una delegación eficaz

Sin embargo, es crucial estar al tanto de lo que él o ella está haciendo. Aunque no debe controlar cada aspecto del trabajo, debe mantenerse informado sobre el progreso y cualquier posible problema. Esto se puede lograr a través de métodos no intrusivos, como informes de progreso periódicos, reuniones programadas y el uso de herramientas de gestión de proyectos. Mantenerse informado sin ser intrusivo ayuda a identificar cualquier obstáculo temprano y proporciona la oportunidad de ofrecer apoyo cuando sea necesario.

Apoye a la persona registrándose con usted mientras se hace la tarea. Fomente un ambiente en el que el delegado se sienta cómodo buscando ayuda y asesoramiento cuando lo necesite. Deje claro que está disponible para responder preguntas, ofrecer orientación y proporcionar recursos adicionales. Esto crea un entorno de trabajo colaborativo y de apoyo, donde la persona sabe que puede contar con su respaldo en cualquier momento.

Para mantener las líneas de comunicación abiertas, es útil establecer canales de

Técnicas para una delegación eficaz

comunicación claros y accesibles. Esto puede incluir reuniones periódicas, correos electrónicos, mensajes instantáneos y plataformas de colaboración en línea. Asegúrese de que estos canales estén siempre disponibles y que la persona sepa cómo y cuándo puede contactarlo. La accesibilidad y la disponibilidad son cruciales para construir una relación de trabajo efectiva y de confianza.

Además, es importante fomentar una comunicación bidireccional. No solo debe estar disponible para proporcionar apoyo, sino también estar dispuesto a recibir feedback del delegado. Escuchar sus preocupaciones, sugerencias y observaciones puede ofrecer valiosas perspectivas sobre cómo mejorar el proceso de trabajo y el entorno de colaboración. Esta comunicación abierta y honesta puede fortalecer la relación laboral y mejorar la efectividad general del equipo.

La transparencia en la comunicación también es esencial. Sea claro y específico en sus expectativas y asegúrese de que el delegado entienda completamente los

Técnicas para una delegación eficaz

objetivos y los plazos. La claridad en la comunicación reduce la posibilidad de malentendidos y asegura que todos estén alineados hacia el mismo objetivo. Además, ofrecer retroalimentación constructiva de manera regular puede ayudar al delegado a mejorar su desempeño y a sentirse valorado y motivado.

Mantener abiertas las líneas de comunicación implica estar disponible para ofrecer apoyo sin microgestionar, estar informado sobre el progreso del proyecto, y fomentar un ambiente en el que el delegado se sienta cómodo buscando ayuda. Establecer canales de comunicación claros, fomentar la comunicación bidireccional, y ser transparente y específico en sus expectativas son factores clave para asegurar una delegación efectiva y exitosa.

Capítulo 8
¡Si usted no está satisfecho con el progreso, no haga la tarea por usted mismo!

Si usted no está satisfecho con el progreso, no haga la tarea por usted mismo. Este principio es crucial para la delegación efectiva y para el desarrollo de la autonomía y las habilidades del delegado. Cuando enfrenta insatisfacción con el progreso de una tarea delegada, la solución no es asumir la tarea usted mismo, sino identificar y abordar la raíz del problema. Tomar la tarea en sus propias manos puede socavar la confianza y la moral del colaborador, y puede perpetuar una dependencia innecesaria del liderazgo.

Continúe trabajando con la persona para asegurarse de que él o ella percibe que la tarea es su responsabilidad. Es esencial mantener el sentido de responsabilidad y propiedad del delegado sobre la tarea. Esto se logra a través de una comunicación abierta y honesta, ofreciendo retroalimentación constructiva y proporcionando el apoyo necesario para

Técnicas para una delegación eficaz

superar los obstáculos. Al hacerlo, se refuerza la confianza del delegado en su capacidad para manejar la tarea y se fomenta un entorno de aprendizaje y crecimiento continuo.

Busque la causa de su insatisfacción. Antes de tomar cualquier acción, es importante entender por qué no está satisfecho con el progreso. Esto implica analizar varios factores que podrían estar contribuyendo al problema. La falta de comunicación efectiva puede ser una causa común de insatisfacción. Asegúrese de que las expectativas, los plazos y los objetivos sean claros y comprendidos por ambas partes. Si la comunicación es deficiente, trabaje en mejorarla mediante reuniones regulares, informes de progreso y retroalimentación constante.

La falta de formación puede ser otro factor crítico. Evalúe si el delegado tiene las habilidades y conocimientos necesarios para completar la tarea. Si identifica brechas en su formación, proporcione los recursos y oportunidades de capacitación necesarios para que pueda desarrollar las competencias

Técnicas para una delegación eficaz

requeridas. Esto no solo mejora el desempeño en la tarea actual, sino que también contribuye al desarrollo profesional a largo plazo del colaborador.

Los recursos inadecuados pueden ser un obstáculo significativo. Asegúrese de que el delegado tenga acceso a las herramientas, materiales y apoyo necesario para realizar la tarea de manera efectiva. Esto incluye tanto recursos tangibles, como tecnología y materiales, como intangibles, como el tiempo y la orientación adecuada. Si los recursos son insuficientes, trabaje para proporcionar lo necesario o ajuste las expectativas y plazos de acuerdo con las limitaciones existentes.

El compromiso de la persona también puede influir en el progreso de la tarea. Si percibe una falta de compromiso, explore las posibles razones detrás de esto. Puede ser útil tener una conversación abierta y sincera con el delegado para entender sus motivaciones, desafíos y cualquier preocupación que pueda tener. Fomentar un entorno de trabajo positivo, donde el delegado se sienta valorado y motivado,

Técnicas para una delegación eficaz

puede aumentar su compromiso y dedicación a la tarea.

Si, después de abordar estos factores, el progreso sigue siendo insatisfactorio, considere otros enfoques. Esto podría incluir reasignar la tarea a otra persona más adecuada o ajustar los objetivos y plazos para que sean más realistas y alcanzables. En cualquier caso, es crucial mantener una actitud de apoyo y colaboración, buscando soluciones que beneficien tanto al proyecto como al desarrollo del delegado.

Cuando no está satisfecho con el progreso de una tarea delegada, no tome la tarea en sus propias manos. En su lugar, continúe trabajando con el delegado para asegurar que mantenga la responsabilidad, y busque la causa de la insatisfacción, ya sea falta de comunicación, formación, recursos o compromiso. Al abordar estos factores de manera constructiva, puede mejorar el progreso del proyecto y fomentar un entorno de trabajo positivo y productivo.

Capítulo 9
Valore y recompense el desempeño de la persona.

Valore y recompense el desempeño de la persona. Reconocer y valorar el esfuerzo y los logros de un colaborador es esencial para mantener su motivación y compromiso. La valoración del desempeño no solo se trata de ofrecer recompensas tangibles, sino también de brindar reconocimiento y apreciación por el trabajo bien hecho. Esto crea un ambiente de trabajo positivo y fomenta una cultura de alto rendimiento.

Evalúe el logro de los resultados deseados más que los métodos utilizados por la persona. Es importante centrarse en los resultados alcanzados en lugar de los procesos utilizados para llegar a ellos. Esto fomenta la creatividad y la innovación, permitiendo que los colaboradores utilicen sus propias habilidades y enfoques para cumplir con los objetivos. Al valorar los resultados, se les da a los empleados la libertad de encontrar las mejores maneras

Técnicas para una delegación eficaz

de hacer su trabajo, lo que puede conducir a soluciones más eficientes y efectivas.

Dirección éxitos de rendimiento y recompensa insuficientes. Es crucial reconocer tanto los éxitos como las áreas que necesitan mejoras. Cuando un colaborador logra los resultados deseados, debe recibir una valoración adecuada. Esto puede incluir elogios públicos, notas de agradecimiento, o recompensas más formales como bonificaciones o aumentos salariales. El reconocimiento público puede ser particularmente poderoso, ya que no solo valora al individuo, sino que también sirve como inspiración para otros en el equipo.

Para valorar el desempeño de manera efectiva, establezca criterios claros y objetivos para medir el éxito. Estos criterios deben estar alineados con los objetivos generales de la organización y ser comunicados claramente a los colaboradores desde el principio. Esto asegura que todos entiendan lo que se espera de ellos y cómo se evaluará su desempeño. La transparencia en la

Técnicas para una delegación eficaz

evaluación también ayuda a evitar malentendidos y promueve un sentido de justicia y equidad.

Además de valorar los éxitos, es importante abordar las áreas donde el desempeño ha sido insuficiente. Esto debe hacerse de manera constructiva y con la intención de ayudar al colaborador a mejorar. Ofrezca retroalimentación específica y útil sobre las áreas que necesitan desarrollo, y trabaje con el colaborador para establecer un plan de acción para mejorar. Esto puede incluir capacitación adicional, mentoría, o ajustes en las responsabilidades del puesto.

Las recompensas también juegan un papel vital en la valoración del desempeño. Las recompensas tangibles, como bonificaciones, aumentos salariales, o días libres adicionales, pueden ser muy efectivas para motivar a los empleados. Sin embargo, las recompensas intangibles, como el reconocimiento verbal, oportunidades de desarrollo profesional, y proyectos desafiantes, también son extremadamente valiosas. La clave es encontrar un equilibrio entre las recompensas tangibles e

Técnicas para una delegación eficaz

intangibles y asegurarse de que estén alineadas con los valores y objetivos de la organización.

Fomentar un ambiente de trabajo donde se valoren y recompensen los logros crea una cultura de reconocimiento y motivación. Los empleados que se sienten valorados y recompensados por su trabajo tienden a ser más comprometidos, productivos y leales a la organización. Además, esto puede mejorar la moral del equipo y crear un entorno de trabajo más positivo y colaborativo.

Valorar y recompensar el desempeño de la persona implica evaluar el logro de los resultados deseados más que los métodos utilizados, reconocer los éxitos de rendimiento y abordar las áreas insuficientes. Establecer criterios claros de evaluación, ofrecer retroalimentación constructiva y proporcionar recompensas adecuadas son fundamentales para mantener la motivación y el compromiso de los colaboradores, fomentando un ambiente de trabajo positivo y productivo.

Epilogo

La delegación no es solo una habilidad técnica; es un arte que requiere comprensión, confianza y comunicación. A lo largo de este libro, hemos explorado diversas facetas y estrategias para delegar eficazmente, asegurando que tanto los líderes como sus equipos puedan alcanzar su máximo potencial.

Delegar una tarea completa a una persona no solo transfiere responsabilidad, sino que también motiva y aumenta la confianza del delegado. Seleccionar a la persona adecuada para la tarea implica evaluar cuidadosamente sus habilidades y capacidades, asegurando que estén bien equipados para el desafío. Especificar claramente los resultados preferidos es fundamental para establecer expectativas claras y proporcionar un marco dentro del cual el delegado pueda operar con libertad y creatividad.

La responsabilidad delegada debe estar acompañada de la autoridad necesaria, permitiendo que la persona complete la

Técnicas para una delegación eficaz

tarea de la manera que mejor considere. Pedir al delegado que resuma y describa la tarea y los resultados esperados asegura una comprensión mutua y fortalece la comunicación. Mantener un flujo constante de información no intrusiva sobre el progreso del proyecto permite un seguimiento efectivo sin microgestión, y mantener abiertas las líneas de comunicación es crucial para apoyar y guiar al delegado en su camino.

Cuando el progreso no cumple con las expectativas, la solución no es asumir la tarea uno mismo, sino trabajar con el delegado para identificar y resolver los problemas subyacentes, ya sea falta de comunicación, formación, recursos o compromiso. Finalmente, valorar y recompensar el desempeño, centrándose en los resultados más que en los métodos, es esencial para mantener la motivación y el compromiso.

El arte de delegar es una danza delicada entre otorgar libertad y proporcionar apoyo. Requiere confianza en las habilidades del equipo y una comunicación clara y abierta.

Técnicas para una delegación eficaz

Al dominar este arte, los líderes no solo liberan su propio tiempo para enfocarse en tareas estratégicas, sino que también empoderan a sus colaboradores, fomentando un entorno de crecimiento y desarrollo continuo.

La delegación efectiva es una piedra angular del liderazgo exitoso. Nos permite construir equipos fuertes, fomentar la innovación y asegurar que nuestra organización pueda enfrentar cualquier desafío con confianza y resiliencia. Al finalizar este recorrido por el arte de delegar, espero que haya adquirido nuevas perspectivas y herramientas para implementar en su propio liderazgo, creando así un entorno de trabajo donde todos puedan prosperar y alcanzar su máximo potencial.

En conclusión, delegar no es solo una técnica de gestión, sino una filosofía de liderazgo que reconoce el valor y la capacidad de cada miembro del equipo. Al adoptar y perfeccionar las prácticas de delegación, construimos organizaciones más eficientes, innovadoras y cohesivas. A

Técnicas para una delegación eficaz

medida que avance en su viaje de liderazgo, recuerde que la delegación efectiva no solo beneficia a los líderes, sino que también empodera a los colaboradores, creando un ciclo virtuoso de confianza, crecimiento y éxito compartido.

Acerca del Autor

Dionisio Melo ha labrado una distinguida carrera mediante su incansable búsqueda de estrategias de ventas genuinamente efectivas para el exigente mercado latinoamericano. Su influencia abarca diversas dimensiones del ámbito de las ventas, ejerciendo un impacto significativo en toda la región.

No se limita únicamente a ser un orador destacado en conferencias de ventas y un guía experto en reuniones de entrenamiento y coaching personal para vendedores; va más allá al compartir su vasta experiencia y novedosas estrategias de ventas con un selecto grupo de clientes.

Además de su destacado papel en el ámbito corporativo, Dionisio Melo ha plasmado su profundo conocimiento en varios libros sobre ventas y gerencia de ventas. Estas publicaciones reflejan su compromiso con la excelencia en ventas y su habilidad para abordar los desafíos específicos de diversos sectores.

Técnicas para una delegación eficaz

El impacto de Dionisio como experto en ventas es innegable; sus ideas y conocimientos son omnipresentes en empresas de prácticamente todos los sectores. Su popularidad trasciende las fronteras, llegando a una audiencia de más de 50,000 personas a través de boletines informativos en toda América Latina. Además, su influyente blog ha sido ampliamente compartido y republicado en numerosos sitios web especializados en negocios y ventas.

Dionisio Melo continúa desempeñando un papel crucial como consejero de empresas en constante crecimiento, brindando un apoyo inestimable para que estas compañías alcancen nuevos niveles de éxito en el competitivo mercado latinoamericano. Su dedicación y compromiso con la excelencia en ventas, respaldados por sus valiosas publicaciones, consolidan su posición como una figura influyente y respetada en la región.

www.ingramcontent.com/pod-product-compliance
Lightning Source LLC
Chambersburg PA
CBHW072003210526
45479CB00003B/1046